Guia do eleitor

Como votar certo

José Alberto Lovetro (JAL)
Jorge Sá de Miranda

EDITORA

Assistente Editorial e Revisão: Fernanda R. Sanchez
Diagramação e Design: Gualberto Costa

- Os cartuns publicados neste livro, de autoria do cartunista JAL, foram compilados das seguintes publicações: Pasquim, Semanário, DCI, Shopping News, O Estado de São Paulo e Revista Bundas, além dos inéditos produzidos para este livro.
- Os autores e a editora poderão autorizar a reprodução dos cartuns e frases, sem ônus, para entidades de movimentos populares e sindicatos, mediante solicitação por escrito através do e-mail: aquariana@ground.com.br ou fax: (0xx11) 5031.3462.

EDITORA

Editora Aquariana Ltda
Rua Lacedemônia, 68
CEP 04634-020 - São Paulo - SP
Tel: (0xx11) 5031.1500 - Fax: 5031.3462
aquariana@ground.com.br
www.ground.com.br

Manual do cidadão

Audálio Dantas

Pronto, está lançada mais uma campanha política. Vem em forma de livro, de guia prático para quem quer participar conscientemente do processo eleitoral sem ser passado para trás. É, digamos, um manual de auto-ajuda contra a vigarice política; serve para quem quer fazer política como eleitor, como cidadão que tem o poder de decidir sobre os destinos da cidade, do estado, do país.

Este Guia do Eleitor chega, portanto, no momento certo. Mostra como votar certo já nas próximas eleições, quando serão escolhidos prefeitos e vereadores dos municípios brasileiros. Votar certo, como se verá pela leitura desse guia, não é só apertar um botão; exige participação política, e informação sobre políticos, seu passado, suas propostas, sua atuação. Votar certo é, enfim, cada um tomar consciência da importância de seu papel de eleitor.

Quem deixa essa preocupação de lado não tem o direito de reclamar dos políticos, nem de se queixar das safadezas que muitos deles aprontam. Se a maior cidade do país, São Paulo, tem um bando de pilantras em sua Câmara de Vereadores é porque houve eleitor descuidado na hora de escolher os seus representantes. Eleitor descuidado pode terminar sendo representado por pilantras, em São Paulo ou em uma cidadezinha perdida nos confins do Brasil.

Não vale, portanto, reclamar, deixar de participar da política porque "esses políticos são todos iguais". Não são. É só saber escolher e ficar sabendo – isso este manual mostra direitinho – que os políticos são empregados do povo. Isso não é frase feita, não; quem escolhe os políticos que vão governar ou fazer leis também paga os seus salários. Pode, portanto, exigir que eles trabalhem direitinho.

Muitos políticos, a maioria deles, trabalham mal há muito tempo neste País, – há uns quinhentos anos, por aí. JAL, que bolou este guia em parceria com Jorge Sá de Miranda, mostra isso com a graça cortante de suas charges. Mostra um "Brasil-problema", mas logo nos acode ao dizer que este é "um país que você ainda pode fazer dar certo".

Quer dizer, está em suas mãos fazer o Brasil dar certo. JAL mostra como isso é possível: depois de votar, ficar de olho em quem se votou. Mais do que isso, fazer a cobrança, exigir o cumprimento das promessas. Ao terminar a leitura deste livro, você verá por que, sendo ele um guia do eleitor, é um manual do cidadão.

O analfabeto político

O pior analfabeto é o analfabeto político.
Ele não ouve, não fala, nem participa dos acontecimentos políticos. Ele não sabe que o custo de vida, o preço do feijão, do peixe, da farinha, do aluguel, do sapato e do remédio dependem das decisões políticas.
O analfabeto político é tão burro que se orgulha e estufa o peito dizendo que odeia a política. Não sabe o imbecil que da sua ignorância política nasce a prostituta, o menor abandonado e o pior de todos os bandidos que é o político vigarista, pilantra, o corrupto e lacaio dos exploradores do povo.

Bertolt Brecht, teatrólogo, escritor e poeta alemão

Os políticos são nossos empregados

Quem diz que não se interessa por política está abrindo mão do direito de ter uma vida mais digna, com justiça social. E também dias melhores para seus familiares, amigos, rua, bairro, cidade, estado e país.

Não se interessar por política significa não dar a menor importância a decisões que influenciam nossas vidas. Por exemplo: o que somos obrigados a pagar de impostos e taxas municipais, estaduais e federais; e como é utilizado o que é arrecadado com esses tributos, que pagamos – queiramos ou não.

Tudo isso é decidido pelos políticos: os vereadores, os prefeitos, os deputados estaduais, os governadores dos estados, os deputados federais, os senadores e o presidente da República.

Todos eles são empregados do povo, pagos – e muito bem pagos – com o dinheiro dos tributos que eles criaram, mantêm e aumentam.

Pagamos quando compramos quaisquer produtos e serviços. Muitas vezes o desconto – como no caso dos assalariados – é feito na fonte, por exemplo, o do INSS e do imposto de renda.

Antes de o trabalhador pegar o seu salário, uma parte dele já foi levada por esses tributos.

Aliás, os políticos tem o poder de decidir o valor de seus salários e quanto devem ter de aumento.

Portanto, é uma grande besteira não se interessar por política e pelos atos e decisões dos políticos, dizendo: "Não adianta, a gente vota e esses políticos são todos iguais, esses caras são todos uma porcaria".

Mas são eles que tomam decisões que podem prejudicar ou beneficiar o povo.

Assim, não dar importância ao voto, anulá-lo ou votar em branco é jogar no lixo um direito sagrado do cidadão: o de escolher os que vão praticar atos e tomar decisões sobre a vida e os destinos do povo.

Mas há os que acham até que uma ditadura seria melhor do que "ter o trabalho de votar". Neste século, o Brasil teve duas ditaduras – uma, de 1930 a 1945 e outra, de 1964 a 1985. Deram no que deram: censura, tortura, corrupção e muitos desmandos.

Também há corrupção agora. A diferença é que agora há corruptos sendo julgados, punidos e presos. Isso acontece porque o Brasil é um país democrático e há pessoas – ainda uma minoria – que exigem e pressionam governantes e políticos a cumprirem seus deveres, combatendo a corrupção e seus desmandos.

Porém, não basta apenas votar. É preciso cobrar dos eleitos as promessas e os compromissos que assumiram em suas campanhas. Se os candidatos que tiverem nossos votos não forem eleitos, também temos a obrigação de cobrar dos que foram eleitos. Afinal, jamais devemos esquecer que os salários e benefícios dos políticos são pagos – e bota bem pago nisso – com o dinheiro dos tributos pagos pelo povo.

Temos a obrigação de exigir desses nossos empregados, os políticos, que trabalhem mais – muito mais –, evidentemente respeitando seus direitos, mas que devem e têm de ser os mesmos do povo.

FAÇA A COMPARAÇÃO:

TRABALHADOR
PATRÃO DO POLÍTICO

1 - Salário Mínimo - R$ 151,00.
2 - Hora / trabalho - R$ 40,00hs/semana.
3 - Aposentadoria - 65 anos.
4 - Pode ser preso se roubar um pão.
5 - INSS - Até uma semana para marcar consulta.
6 - Vale transporte para locomoção.
7 - Salário estabelecido por seu empregado (o político).
8 - Salário família - R$ 20,00.
9 - Contribui para a verba da União pagando IR sobre salário e impostos sobre tudo que compra.
10 - Ao primeiro sinal de crise, o salário sofre atrasos e até perdas.

POLÍTICO
EMPREGADO DO TRABALHADOR

1 - Salário Mínimo - R$ 8.000,00 *
(+ verba de representação, auxílio moradia e mordomias).
2 - Hora / trabalho - livre de 3ª a 5ª geralmente.
3 - Aposentadoria plena com 8 anos de trabalho*(até 1997).
4 - Imunidade parlamentar (não é preso).
5 - Assistência médica no serviço.
6 - Viagens pagas, passagens de avião e carro oficial.
7 - Dá seu próprio aumento de salário.
8 - Tem direito a dar emprego aos familiares.
9 - Diz onde será aplicado a verba da União e paga imposto somente sobre o salário.
10 - Você já ouviu algum político reclamar de atraso no salário?
11 - Assistência jurídica no trabalho.

* Deputado Federal

SE TEMOS UM POTENCIAL AGRICOLA TREMENDO! TEMOS MINÉRIO E MATÉRIA PRIMA ATÉ DE MAIS! SE PODERIAMOS SER, HOJE, UMA POTÊNCIA MUNDIAL! POR QUE ESTAMOS ENDIVIDADOS ATÉ O PESCOÇO?
VOCÊ ACREDITA EM OLHO GORDO?
JAL...

BRASIL PROBLEMA

UM PAÍS QUE AINDA VOCÊ PODE FAZER DAR CERTO

CLASSE MÉDIA

PODERÍAMOS SER O CELEIRO DO MUNDO

O PROBLEMA DA EDUCAÇÃO É A FALTA DE EDUCAÇÃO DE COMO ELE É TRATADO !

MINISTÉRIO DA ECONOMIA É O LUGAR ONDE NOSSO BOLSO SE ESVAZIA

QUANDO ALGUÉM ESPIRRAR DESEJE SAÚDE, MAS NÃO A OFICIAL...

O INSS TEM QUE SER MELHOR GERENCIADO, MAS O CAMINHO É MAIS LONGO QUE AS FILAS QUE PRODUZ...

DIZIAM QUE VENDER AS ESTATAIS ERA A GRANDE SOLUÇÃO. MAS ALGUÉM VIU PRA ONDE FORAM OS RECURSOS DA VENDA?

AS MÉDIAS E MICRO EMPRESAS SUSTENTAM O EMPREGO NO PAÍS. MAS COMO SÃO TRATADAS?

VALE A PENA FALAR ALGUMA COISA SOBRE O SALÁRIO MÍNIMO?

O NEGÓCIO DA CESTA BÁSICA É UMA PIADA. VAI CHEGAR O TEMPO EM QUE ALGUÉM ACHARÁ A SOLUÇÃO DEFINITIVA

PRIMEIRO ERA A INFLAÇÃO, QUE ERA CULPADA DE TUDO. E AGORA?

VOCÊ JÁ TENTOU TER UMA CASA PRÓPRIA ATRAVÉS DE ALGUM FINANCIAMENTO?

SE O GOVERNO RECLAMA DO MOVIMENTO DOS SEM TERRA, PORQUE NÃO CUIDA MELHOR DA REFORMA AGRÁRIA ?

ALGUÉM ENTENDE O QUE ACONTECE COM AQUELES PLANOS MIRABOLANTES PARA NOSSA ECONOMIA?

TRABALHADOR TEM IMPOSTO RETIDO NA FONTE, PORTANTO, NÃO É ELE QUE SONEGA O FISCO

PARA OS POLÍTICOS DESEMPREGO É APENAS UMA ESTATÍSTICA...

EXPERIMENTE SER UM APOSENTADO NO BRASIL

MAS O BRASIL É O PAÍS ONDE MAIS TEM IMPOSTOS POR METRO QUADRADO.

OS ETERNOS PROBLEMAS DO NORDESTE?

PRECISAMOS MELHORAR OS CUSTOS DAS TARIFAS DOS SERVIÇOS PÚBLICOS

TODO MUNDO TEM DIREITO
AOS DIREITOS HUNANOS !

DÍVIDA EXTERNA: CADA BRASILEIRO QUE NASCE JÁ DEVE UMA FORTUNA PRO MUNDO...

CULTURA, ENTÃO ! NEM SE FALA !

ESTAMOS ATRASADOS TAMBÉM NA ECOLOGIA

NOSSA JUSTIÇA CAMINHA TÃO LENTA QUE ACABA PUNINDO O INOCENTE E LIBERANDO O CULPADO

NOSSOS ÍNDIOS, COM CERTEZA NÃO ESTÃO COMEMORANDO OS 500 ANOS DO DESCOBRIMENTO !

A CORRUPÇÃO JÁ ULTRAPASSOU OS LIMITES DO ABSURDO

A JUSTIÇA DOS POBRES É DIFERENTE DA JUSTIÇA DOS RICOS. ISSO PRECISA MUDAR!

A VIOLÊNCIA JÁ FAZ PARTE DO DIA-A-DIA DAS PESSOAS...

O TANSPORTE PÚBLICO ESTÁ EM PETIÇÃO DE MISÉRIA

O RESPEITO À VIDA HUMANA PASSA PELA MELHOR DISTRIBUIÇÃO DE RENDA

CADA DIA
MAIS JOVENS USAM DROGAS
E MORRERM EM CHACINAS

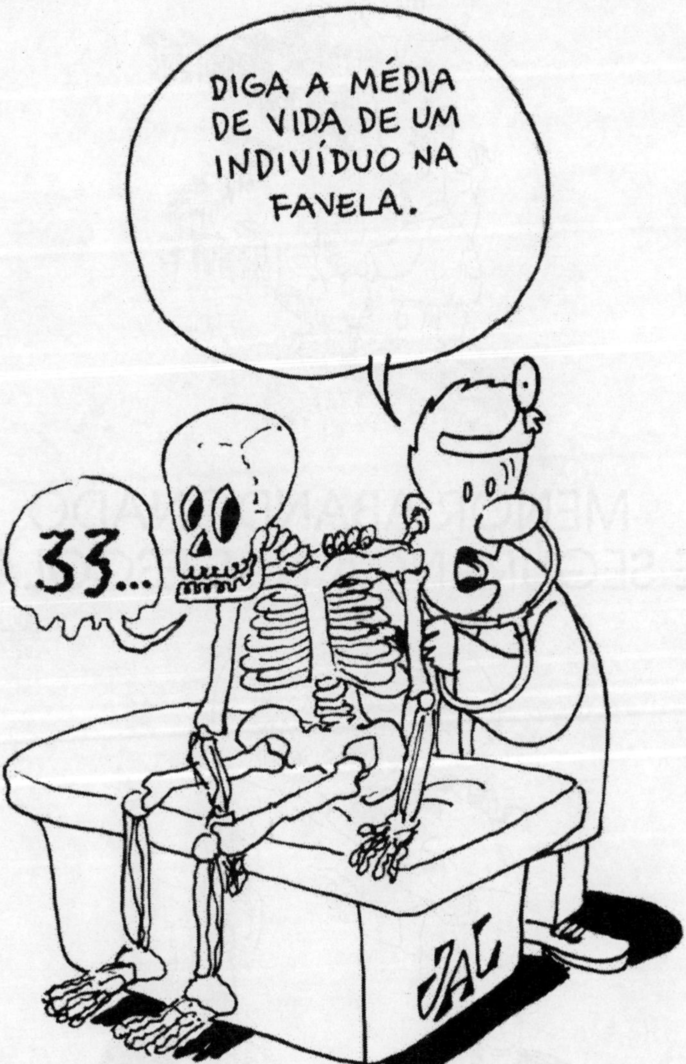

O HOMEM QUE JÁ FOI À LUA NÃO CONSEGUE RESOLVER O PROBLEMA DO MENOR ABANDONADO

MENOR ABANDONADO E SEGURANÇA NAS ESCOLAS

VIDA PARA LAMENTAR

"Se eleito, eu prometo que vou resolver..."

A grande maioria dos políticos – no Brasil e no mundo – quando se candidata promete mundos e fundos, mas o que interessa, neste livro, é o político brasileiro.
A maioria deles é useiro e vezeiro em afirmar:
"Se eleito, eu prometo que vou resolver os problemas da educação, da saúde, da segurança, do transporte coletivo, da alimentação, da habitação..."
Enfim, é promessa que não acaba mais, ou melhor, acaba, porque quase sempre não é cumprida. Claro, alguns políticos se esforçam para cumprirem suas promessas.

Como este é um livro apartidário, não citaremos nomes de políticos. Cabe ao eleitor decidir, depois de procurar se informar muito bem e meditar mais ainda sobre que políticos merecem ser votados.

Partindo do fim para o começo. Na última eleição, a de 1998, o povo escolheu quem seria o presidente da República, os governadores dos Estados, os deputados estaduais, federais e os senadores.

O que eles fizeram pelo povo?

Não vale responder que não fizeram nada.

Fizeram sim, uns agiram corretamente, tentando tomar medidas que atendesse os interesses do Brasil e do povo, enquanto outros trataram de seus interesses próprios, buscando se locupletar, ou seja, tornarem-se ricos – não é crime tentar enriquecer, mas é crime enriquecer passando o povo para trás.

Nas eleições anteriores às de 1998, também houve uma chuvarada de promessas.

E assim foi desde 1500 quando "acharam" o Brasil.

De lá para cá, se 10% das promessas dos "pais da pátria" fossem cumpridas, o Brasil e seu povo estariam vivendo há muito tempo no melhor dos mundos.

Infelizmente, os indicadores sociais e econômicos de organismos da ONU - Organização das Nações Unidas, mostram que a grande maioria do povo brasileiro vive em grandes dificuldades.

Para mudar tal situação é fundamental escolher criteriosamente em quem votar para vereador, prefeito, deputados estadual e federal, senador, governador e presidente da República.

Nunca se esqueça de que os políticos são seus empregados. E que são eles que tomam decisões que podem melhorar ou piorar a situação do País e de seu povo.

Quem merece o seu voto?

Antes de votar informe-se sobre os candidatos. Procure saber quem ele é, o que fez e o que faz. Se ele já é um político com mandato e que tenta a reeleição, é mais fácil saber o que já fez e faz. Seja como for, você obtém informações sobre eles com os amigos no seu bairro, com os colegas de trabalho, ouvindo rádio, vendo televisão, lendo jornais. Mas não deixe, jamais, que alguém decida em quem você deve votar.

Cuidado com as falsas promessas.

Afinal, o que o Brasil tem de sobra são políticos ruins, maus e sem caráter. Mas há políticos que se esforçam para cumprir seus deveres e trabalhar a favor dos interesses do povo.

Lembre-se de que vereador e prefeito só podem tratar de assuntos e problemas relativos ao município/cidade; deputado estadual e governador, do estado; e deputados federais, senadores e presidente da República, do país.

Assim, quando candidatos a vereador, prefeito, deputado estadual e governador prometem que vão aumentar o salário mínimo do Brasil e o valor da aposentadoria do INSS estão mentindo. Esses assuntos são de âmbito federal, da competência dos deputados federais, senadores e presidente da República.

Mas, afinal, em quem votar?

Você tem de se esforçar para descobrir. Não se deixe enganar. Duvide sempre dos que prometem dias melhores para o povo, mas quando se elegem só cuidam dos interesses deles.

Por exemplo, na Câmara Municipal de São Paulo, a maioria dos vereadores cuida dos seus próprios interesses – bota cuida nisso. Mas alguns tiveram o mandato cassado e um deles foi para a cadeia. Estavam envolvidos nos escândalos da máfia da propina, que achacava micro e pequenos empresários, camelôs e outros contribuintes que precisavam de serviços da prefeitura. Em outros municípios brasileiros, a corrupção também corre solta, como mostram diariamente jornais e emissoras de rádio e de televisão. O voto é a sua arma para acabar com isso. O voto e a sua cobrança aos políticos eleitos, assim que eles tomarem posse.

ALGUNS TIPOS DE POLÍTICOS

O promessão – É o que promete solução para tudo o que os outros também prometeram e não resolveram. Se eleito, não cumpre o que prometeu, inventa uma porção de desculpas e põe a culpa nos outros. E promete que se eleito para novo mandato continuará lutando para resolver os problemas do povo. Desconfie e veja seu passado.

O que cai na real – Esse diz que só promete o que pode cumprir, que não quer dar falsas esperanças ao povo e que só vai saber a situação real da administração quando assumir o cargo a que está se candidatando. Cuidado! Se votar nele pode estar dando uma carta branca a alguém que já tem desculpa por uma má administração e vai dizer que avisou antes.

O numerólogo – O negócio dele é citar números, pesquisas e gráficos para se exibir como o sabe tudo, o dono da verdade. Mas enrola e muda de assunto, quando pedem para comprovar com documentos a numerologia dele. Não caia nessa. Veja se os números são verdadeiros.

Olha eu aqui – É o que quer estar em todas, principalmente quando jornalistas e câmaras estão por perto. Esse político não perde oportunidade de abraçar e beijar crianças, tomar cafezinho e comer tudo o que lhe oferecem, principalmente se vier de gente humilde. Não se deixe levar pelas imagens.

O honesto, pero no mucho – Mete o pau em todo o mundo, diz que é honesto e que vai fazer uma limpeza geral nos órgãos públicos, acabar com os marajás, enfim, se proclama "um sujeito honesto". Mas quando eleito não sabe onde está a honestidade. Pior, diz que vai apurar tudo e não faz nada.

Sou do povão – Esse, quando se encontra no meio do povão, fala: "Estou com a minha gente, gente humilde, trabalhadora, sofredora, mas quando eu for eleito vou lutar muito para dar melhores dias pro meu povão". Pode ser tudo marketing para parecer que ele é igual a você. Veja se ele sempre foi assim ou se um publicitário está por trás disso tudo.

O do contra – É sempre do contra, diz que é de oposição, criticando sempre projetos que, muitas vezes, podem beneficiar o povo. Mas não tem nenhum projeto para colaborar no encontro de soluções para os grandes problemas brasileiros. Esse político é dos tais que também costuma dizer que só poderá fazer algumas coisa depois de tomar posse. Pode virar um baita de um pelego.

O intelectual – Faz críticas, promessas e assume compromissos usando palavras de difícil entendimento e citando frases de pessoas famosas – como de cientistas, advogados, escritores, médicos, filósofos. Porém – e sempre há um porém –, é só blá blá blá, o mesmo de que continuará a se valer depois de eleito. Veja se ele já fez alguma coisa de útil antes do blá blá blá.

O camaleão - É o político que se diz de esquerda mas na hora "H" toma atitudes de direita. É comum quando ele é inebriado pelo poder. Veja seu passado e suas atitudes anteriores.

Em cima do muro - Só toma decisões na pressão e tem medo de perder as mordomias adquiridas. Não vale à pena votar em gente assim.

O articulador - Sempre está em meio aos assuntos mais polêmicos dando idéia de que é superatuante. Fique de olho para ver se ele não está apenas fazendo jogo de seu próprio interesse.

O construtor - Como na área da construção, pavimentação, saúde e educação existe uma maior perspectiva para uma corrupçãozinha, o político pode prometer mais casas populares, hospitais e escolas para ajudar em seu caixa-2. Cuidado você pode o estar ajudando sem saber.Se houver qualquer denúncia de superfaturamento risque ele de sua lista de bons políticos.

O cigano - Vive mudando de partido. Quase sempre adere ao partido que está no governo ou ao partido que tem mais chances de ganhar a próxima eleição. Esse depende de você para continuar mamando nas tetas do poder. Não merece respeito.

O briguento - Falseia brigas com outros políticos para jogar uma cortina de fumaça e cobrir outros problemas reais ou escândalos.Fique atento a tudo que acontece para perceber a jogada.

SER BOM É...

O POLÍTICO CORRETO:

-Sempre responde as acusações.
-Não tem fatores evidentes de enriquecimento ilícito.
-Está presente nas principais votações e declara seu voto sem medo.
-Denuncia qualquer caso de corrupção que descobrir.
-Abre mão de parte de seu salário em prol de seus eleitores.
-Tem resposta imediata aos problemas de seus eleitores.
-Declara seu imposto de renda todo ano.
-Verdadeiro representante de setores da população.
-Tem fidelidade partidária.
-Recusa mordomias exageradas.

O ELEITOR CONSCIENTE:

-Analisa a vida do político em quem quer votar.
-Não troca voto por causas particulares.
-Pensa no coletivo e na sua comunidade ao votar.
-É atuante na cobrança dos políticos após as eleições.
-Admite que errou ao votar em certo político e tenta consertar exercendo pressão sobre o mesmo.
-Mobiliza a família e amigos para votarem certo.
-Não usa o voto como se fosse loteria para acertar no que vai ganhar.

DIGA COM QUAL POLÍTICO ANDAS E DIREI EM QUAL PAÍS ESTÁS...

LIDERANÇAS DOS PARTIDOS DISCUTEM EM BRASÍLIA ADOÇÃO DE VERBA SUPLEMENTAR PARA CAMPANHA DE MELHORIA DA IMAGEM DOS PARLAMENTARES DIANTE DA OPINIÃO PÚBLICA...

NÃO ACREDITE EM PROMESSAS DE PALANQUE. VOTE EM QUEM FAZ, NÃO EM QUEM SÓ FALA...

ALGUNS POLÍTICOS NÃO APARECEM NA VOTAÇÃO DE LEIS DURANTE O ANO, MAS QUANDO SÃO CHAMADOS PARA AS EXTRAORDINÁRIAS...

FIQUE DE OLHO NOS POLÍTICOS QUE SEMPRE ESTÃO FORA NA HORA DAS GRANDES DECISÕES

SE ALGUÉM LHE DISSER QUE TAL POLÍTICO "ROUBA MAS FAZ" DIGA A ELE QUE AQUELE POLÍTICO FEZ MAIS UM IDIOTA

CUIDADO COM AQUELES QUE VIVEM SE DIZENDO DEMOCRATAS

TEM POLÍTICO QUE FAZ ACORDOS ATÉ COM O DIABO PRA SE ELEGER

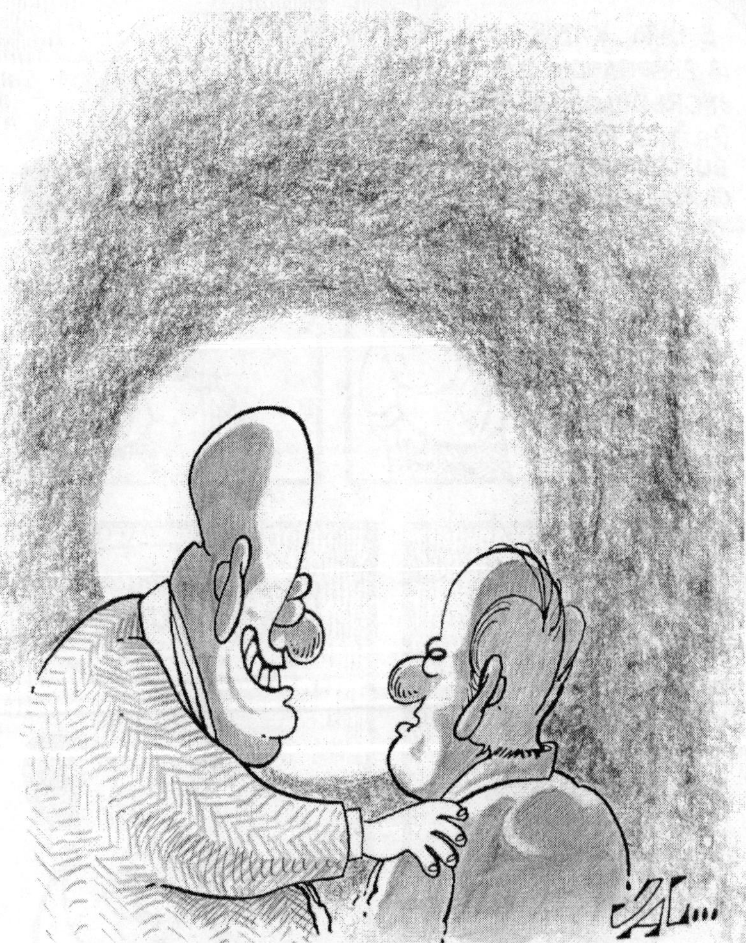

– SE EU FOR PRESIDENTE E VOCÊ ME AJUDAR NA CAMPANHA DE DESESTATIZAÇÃO, EU CRIO UMA NOVA EMPRESA PARA EMPREGAR VOCÊ E SUA FAMÍLIA.

POLÍTICO BEM PREPARADO É AQUELE QUE RESPONDE A TODAS AS PERGUNTAS

POLÍTICOS DE RABO-PRESO COM CORRENTES POLÍTICAS ÀS VEZES ESQUECEM DO POVO... OU QUASE SEMPRE

TEM POLÍTICO QUE TEM HORROR EM DIZER A PALAVRA "POBREZA"

A DESCULPA PARA EMPREGAR PESSOAS DA FAMÍLIA É SEMPRE A TAL DE "PESSOAS DE CONFIANÇA DO POLÍTICO"

CORRUPÇÃO RIMA COM COMISSÃO

E OS "MARAJÁS" ?

E PARA MEUS OPOSITORES, QUE PERSISTEM EM ME CLASSIFICAR COMO UM MARAJÁ...
DIGO QUE EM MINHA VIDA PARLAMENTAR NUNCA RECEBI MAIS DO QUE MERECI!
ALGUMA PERGUNTA?

LEGISLAR EM CAUSA PRÓPRIA... JÁ VIMOS ESSE FILME...

SACANAGEM TEM PORCENTAGEM

O PAÍS ONDE TUDO TERMINA EM CPI...ZZA !

CENTENAS DE LEIS NA ESPERA PARA VOTAÇÃO, MAS AS QUE PASSAM RAPIDAMENTE...

EXISTEM OS FALSOS ECOLOGISTAS

ALGUÉM AÍ AGUENTA HORÁRIO POLÍTICO?

MAS A CULPA TAMBÉM É NOSSA !

É POR TUDO ISSO QUE A IMAGEM DE NOSSOS POLÍTICOS ANDA MAL

A REAÇÃO

VAMOS REAGIR!

Reagir não é ficar sentado em uma poltrona em frente à televisão reclamando dos políticos ou do porque estarmos em uma situação ruim. Reagir é levantar-se da poltrona e exigir seus direitos pelos canais de comunicação existentes. É se organizar em entidades que defendam a cidadania. É conscientizar parentes, amigos e a população em geral de que não se deve deixar todo poder nas mãos de poucos para decidirem nosso futuro.

O ideal é votar e continuar a ajudar ao seu representante político para que tudo dê certo. Para isso, a informação é primordial. O artigo primeiro de nossa Constituição já diz que "todo poder emana do povo e por ele deve ser exercido". Não é preciso violência para conseguirmos isto. Basta estarmos organizados em nossas reivindicações.

Em primeiro lugar é preciso votar certo.

Se erramos no voto porque fomos enganados, não é preciso achar que perdemos. Dá para consertar com o acompanhamento daquele político em quem votou e pressioná-lo a agir certo.

Veja algumas dicas para isso:
- Sempre que achar que seus direitos foram esquecidos, reclame para a imprensa (jornais, rádios e televisões) e ao Ministério Público.
- Anote durante o ano o que seu político está fazendo e mande para ele um relatório seu para mostrar que está de olho no que estão fazendo com seu voto.
- Sempre dê os parabéns para o político se houver boa atuação. Ele tem que saber que fazer o bem compensa.
- Cobre de amigos e parentes a análise de seus votos e a luta pelos direitos de todos.
- Você pode organizar passeatas pacíficas com seus vizinhos, amigos e parentes.
- Procure doar um pouco de seu tempo em prol da comunidade em entidades como ONGS - Organizações Não-Governamentais.
- Você também pode se inscrever e ingressar em um dos partidos existentes para ajudar a melhorá-lo ao invés de só criticá-lo.
- Constitua uma associação própria. Caso ache que nenhuma existente está cobrindo suas reivindicações, é só juntar algumas pessoas, fazer um estatuto e registrar em um cartório.
- Faça abaixo-assinados sobre temas que quer que sejam discutidos pelo poder legislativo.
- Crie um jornal ou informativo sobre o assunto que pretende desenvolver com a comunidade.
- Organize debates entre as pessoas sobre os problemas da comunidade.
- Faça o dia do buzinaço ou do panelaço.
- Abra um site na Internet e crie uma lista de protesto.
- Boicote os produtos de empresas que se envolveram em corrupções.

Estes são apenas alguns caminhos a seguir. O resultado virá, com certeza, e você não se sentirá impotente diante da situação que enfrentamos. Isto é cidadania.

CHEGA DE DAR PODER AOS ESPERTINHOS

CHEGA DE SER O PAÍS DA IMPUNIDADE

CHEGA DE POLÍTICOS INSENSÍVEIS AO SOFRIMENTO DO POVO BRASILEIRO

CHEGA DE UMA POLÍTICA ECONÔMICA DE GABINETE !

MAS O POVO BRASILEIRO VAI REAGIR !

VAGABUNDO TEM QUE CAIR FORA

CHEGA DE MÁ DISTRIBUIÇÃO DE RENDA

CHEGA DE ROUBA MAS FAZ !

CHEGA DA POLÍTICA RECESSIVA DO FMI

Quanto pagamos

Câmara Municipal de São Paulo salários e benefícios dos vereadores

Cada vereador ganha R$ 4.500,00 de salário por mês; carro oficial com motorista; 400 litros de gasolina; direito a nomear 21 funcionários para o gabinete; postagem anual de 60 mil cartas simples, 36 mil impressos (no formato de carta simples) e 1.800 telegramas com até 50 palavras cada um.

Deputado estadual (SP)

Cada deputado estadual ganha R$ 4.500,00 de salário por mês; carro oficial; 400 litros de gasolina; tem direito a 21 funcionários; postagem anual de 60 mil cartas, 36 mil impressos e 1.300 telegramas.

Deputado federal

Cada deputado federal ganha R$ 8.000,00 de salário por mês; tem direito a contratar 16 assessores por gabinete. A verba para pagamento de salário desses assessores é de R$ 20 mil mensais. Também têm direito a cotas de despesas de correio e auxílio moradia de R$ 3.500,00 mensais. Os deputados federais que não foram eleitos por Brasília têm direito a quatro passagens de avião por mês para o Estado de origem.

Senador

Cada senador recebe R$ 8.000,00 de salário por mês. Pode contratar por cargo em comissão, pago pelo Senado, dois assistentes técnicos, dois secretários parlamentares e um auxiliar técnico. Além das funções de livre provimento, o senador tem direito a funcionários do quadro permanente do Senado: um chefe de gabinete, um subchefe, dois assistentes técnicos, dois secretários, três auxiliares e um motorista. Também tem cotas para despesas de correio e auxílio moradia de R$ 3.500,00 mensais. Os senadores que não foram eleitos por Brasília tem direito a quatro passagens de avião por mês para o Estado de origem.

Presidente da República

O presidente da República ganha de R$ 8.000,00 de salário por mês e todas suas despesas como, habitação (no Palácio da Alvorada, em Brasília, e em qualquer outro lugar), alimentação, vestuário, transporte e outras são pagas pelo contribuinte, ou seja: o povo.

Dúvidas, sugestões e reclamações

Veja alguns endereços de instituições e pessoas a quem pagamos para trabalhar pelo Brasil. Quando você tiver dúvidas, sugestões e reclamações a fazer, não hesite, entre em contato com elas. É seu direito e seu dever.

Câmara dos Deputados
Praça dos Três Poderes
70160-900 - Brasília - DF
PABX: (61) 318-5151 – Fax: (61) 225-3495
Homepage: www.camara.gov.br

Presidente - Michel Temer
Telefones: (61) 225-2885, 318-5000, 318-5001 – Fax: (61) 224-1289

Lideranças Partidárias na Câmara dos Deputados
Líder do Governo - Arnaldo Madeira
Telefones: (61) 224-7369, 318-7160, 318-7161- Fax: (61) 318-2122

Líder do PFL – Inocêncio Oliveira
Telefones: (61) 224-6419, 223-5062 e 318-5146 - Fax: (61) 224-1792

Líder do PMDB/PST/PTN - Geddel Vieira Lima
Telefones: (61) 224-5619, 226-1512, 318-5115 - Fax: (61) 318-2109

Líder do PPB – Odelmo Leão
Telefones: (61) 318-5188 – Fax: (61) 318-2110

Líder do PSDB/PTB – Aécio Neves
Telefones: (61) 318-7164 e 318-7167 – Fax: (61) 318-7164

Líder do PT – Aloizio Mercadante
Telefones: (61) 318-3825, 318-4825, 318-5825 - Fax: (61) 318-2825

Líder do PDT – Miro Teixeira
Telefones: (61) 225-2847, 226-4272, 318-5156 - Fax: (61) 318-2125

Líder do Bloco PSB/PC do B – Alexandre Cardoso
Telefones: (61) 318-3205, 318-5104 - Fax: (61) 318-2104

Líder do PL/PSL – Valdemar Costa Neto
Telefones: (61) 318-5190, 318-5191 - Fax: (61) 226-8663

Líder do PPS – João Hermann Neto
Telefones: (61) 318-5637 – Fax: (61) 318-2637

Líder do PV – Fernando Gabeira
Telefones: (61) 318-5374 – Fax: (61) 318-2374

Líder do PHS – Roberto Argenta
Telefones: (61) 318-5367 – Fax: (61) 318-2367

Líder do PSC – Dep. Adelson Ribeiro
Telefones: (61) 318-5216 – Fax: (61) 318-2216

SENADO FEDERAL
Praça dos Três Poderes
Brasília - DF
PABX: (61) 311-4141 – Fax: (61) 321-7333
Homepage: www.senado.gov.br

Presidente - Antônio Carlos Magalhães
Telefones: (61) 311-3000 a 311-3008 – Fax: (61) 311-1600, 311-1700

Lideranças Partidárias no Senado Federal
Líder do Governo - José Roberto Arruda
Telefones: (61) 224-4934 , 311-2011 – Fax: (61) 323-3826

Líder do PMDB – Jader Barbalho
Telefones: (61) 224-3373, 311-3052, 311-3053 – Fax: (61) 321-9277

Líder do PFL - Hugo Napoleão
Telefones: (61) 224-3522, 311-4478 , 311-4479 – Fax: (61) 311-1690

Líder do PSDB – Sérgio Machado
Telefones: (61) 311-3142, 311-3144 – Fax: (61) 311-4830

Líder do PPB – Sen. Leomar Quintanilha
Telefones: (61) 311-1458 , 311-3236 – Fax: (61) 311-1058

Líder do Bloco PT/PDT – Sen. Heloisa Helena
Telefones: (61) 311-3197, 311-3199 – Fax: (61) 323-3827

Líder do PTB – Arlindo Porto
Telefones: (61) 224-6903, 311-2324 – Fax: (61) 311-1310

Líder do PPS – Paulo Hartung
Telefones: (61) 311-1129 – Fax: (61) 321-7333

Líder do PSB – Roberto Saturnino
Telefones: (61) 311-4229 – Fax: (61) 323-4340

PRESIDÊNCIA DA REPÚBLICA
Presidente da República Federativa do Brasil
Fernando Henrique Cardoso
Praça dos Três Poderes – Palácio do Planalto – 3º andar
70150-900 - Brasília – DF
Telefones: (61) 411-1200, 411-1221 – Fax: (61) 411-2222
Homepage: www.planalto.gov.br
E-mail: protocolo@planalto.gov.br

Vice-presidente da República
Marco Antonio Maciel
Telefones: (61) 411-2356, 411-2447 – Fax: (61) 223-0568
Homepage: www.planalto.gov.br
E-mail: vp@planalto.gov.br

PODER JUDICIÁRIO
SUPREMO TRIBUNAL FEDERAL
Praça dos Três Poderes - Ed. Anexo I
70175-900 - Brasília – DF
Telefone: (61) 316-5502/04 – Fax: (61) 316-5508 – Telefax: (61) 611-1222
Homepage: www.stf.gov.br

SUPREMO TRIBUNAL DE JUSTIÇA - STJ
Setor de Administração Federal Sul
Quadra 06, Lote 01
70070-600 – Brasília-DF
PABX: (61) 319-8000 – Fax: (61) 319-6395
Homepage: www.stj.gov.br

TRIBUNAL SUPERIOR DO TRABALHO – TST
Setor de Autarquias Sul
Praça dos Tribunais Superiores
70097-900 – Brasília- DF
PABX: (61) 216-4300 – Fax: (61) 321-0757
Homepage: www.tst.gov.br

TRIBUNAL SUPERIOR ELEITORAL – TSE
Setor de Autarquias Sul
Praça dos Tribunais Superiores – Bloco C
70096-900 – Brasília- DF
PABX: (61) 316-3000 – Fax: (61) 322-0562/0564/0567/0571
Telex: 61-1060/1421

ORGÃOS ESSENCIAIS À JUSTIÇA
MINISTÉRIO PÚBLICO DA UNIÃO
Procuradoria-Geral da República
Procurador-Geral: Geraldo Brindeiro
Av. U2 Sul - Quadra 603 - Lote 23
70200-901 – Brasília- DF
Telefones: (61) 313-5106, 313-5320 – Fax: (61) 223-6119

Procuradoria-Geral da Justiça
Procurador-Geral: Humberto Adjuto Ulhoa
Eixo Monumental - Praça do Buriti - Lote 2
70944-900 – Brasília- DF
Telefones: (61) 343-9787 – Fax: (61) 343-9715

Procuradoria-Geral do Trabalho
Procurador-Geral do Trabalho: Guilherme Mastrichi Basso
SAS Quadra 04 Bloco L - 10° andar
70070-909 – Brasília- DF
Telefones: (61) 314-8502, 314-8508– Fax: (61) 321-0543
E-mail: mastrichi@pgt.mpt.gov.br

Saiba mais

Quando você quiser saber mais sobre a atuação dos parlamentares e dos poderes Legislativo, Executivo e Judiciário consulte o:

DIAP – Departamento Intersindical de Assessoria Parlamentar.
SBS – Ed. Seguradoras – 3° andar – salas 301 a 307 – CEP 70093 – Brasília – DF.
Telefones: (61) 225-9704, 225-9744 – Fax: (61) 225-9150
Homepage: http://www.diap.org.br
E-mail: diap@.org.br
O DIAP, mantido por entidades representativas de trabalhadores, acompanha a atuação do Legislativo, Executivo e Judiciário, informando com precisão como atuam os representantes desses três poderes.

MODELO DE ESTATUTO PARA ASSOCIAÇÃO DE MORADORES

Para isso criaremos uma denominação fictícia como *Vila Democrática* que substitui o nome real que será registrado. Este estatuto a seguir é apenas um modelo que poderá ser utilizado como base para a criação de outro.

É aconselhável ter um advogado entre os sócios ou na diretoria da Associação para ajudar em casos mais complexos.

A sede pode ser provisória na casa de um dos diretores ou em locais do bairro em disponibilidade.

Para a primeira reunião de fundação da Associação é importante elaborar uma ata (descrição do evento) com o nome de todos presentes e assinaturas dos eleitos em cada cargo.

Depois é só registrar o estatuto com a ata em um Cartório de Registro Civil e trabalhar em prol da comunidade.

ESTATUTO DA ASSOCIAÇAO DOS MORADORES DA VILA DEMOCRÁTICA

CAP. I - DA DENOMINAÇÃO E OBJETIVOS

Art. 1º - A Associação dos Moradores da Vila Democrática, fundada oficialmente em 01 de agosto de 2000, constitui-se em sociedade civil, por tempo indeterminado, sem fins lucrativos, políticos partidários ou religiosos, com sede e foro na cidade de ...., Estado de ...., instalada à Rua............, nº......,- CEP ....

Art. 2º - Constituem finalidades sociais da AMVD (Associação dos Moradores da Vila Democrática).

a) Orientar e defender seus associados sem distinção política de raça, religião, cor ou sexo, quanto aos seus direitos e deveres na sociedade.

b) Desenvolver o espírito associativo e fraternal entre os moradores da Vila Democrática.

c) Desenvolver formas de organização entre os moradores na direção de melhores condições de vida e moradia no local.

d) Promover e apoiar todas as formas de manifestação da cultura popular e de iniciativas que visem erradicar o analfabetismo, incentivando a educação e o retorno à escolas de crianças, jovens e adultos.

e) Promover atividades esportivas e de lazer entre os associados.

f) Lutar junto aos órgãos públicos da Prefeitura e do Estado, além das concessionárias de serviços públicos, pela regularização fundiária do bairro, obtenção dos títulos de propriedade para os moradores e infra-estrutura através de obras públicas para o local, visando a segurança jurídica do morador e a melhoria das condições de vida do local, em termos de transportes, trânsito, escoamento de águas pluviais, iluminação, segurança pública, abastecimento regular de água, etc.

g) Manter convênio e/ou se associar a entidades similares ou da mesma natureza.

h) Divulgar e promover suas finalidades e atividades.

i) Lutar pela Preservação das áreas livres da vila e mobilizar a população local para colaborar com o Poder Público na regularização técnica e jurídica do bairro, inclusive com elaboração de plantas, negociação junto ao proprietário, organização de um arquivo com documentos e contratos da área, etc.

j) Representar, judicial ou extra-judicialmente os moradores associados da Vila Democrática, na defesa dos interesses coletivos e difusos.

CAP. II - DO PATRIMÔNIO SOCIAL

Art. 3º - A AMVD poderá contar com os seguintes meios de subsistência:

a) Contribuições regulares e mensais de seus sócios, a serem estipuladas em Assembléia Geral.

b) Subvenções e auxílios.

c) Rendas patrimoniais.

d) Arrecadação e campanhas.
e) Outros meios lícitos e legais, como emissão de títulos e obrigações.
Parágrafo Único - As rendas da associação serão aplicadas exclusivamente para realização de seus fins sociais.

Art. 4º - O patrimônio da AMVD só poderá ser vendido ou doado mediante aprovação de Assembléia Geral extraordinária especialmente convocada para este fim.
Parágrafo Único - Em caso de extinção judicial ou extrajudicial da AMVD, o seu patrimônio reverterá para outra entidade congênere situada no Estado de............

CAP. III - DOS SÓCIOS, DIREITOS E DEVERES

Art. 5º - São considerados sócios:
a) Todos os moradores, de ambos os sexos, com idade superior a 16 (dezesseis) anos que residam dentro dos limites da Vila Democrática, desde que preencham a ficha de associado e efetuem o pagamento de uma contribuição a ser estipulada, contanto que estejam de acordo com os objetivos definidos neste estatuto.
b) O número de sócios é ilimitado.

Art. 6º - São direitos dos sócios em dia com suas obrigações financeiras:
a) Participar das Assembléias Gerais.
b) Participar de todas as atividades a que esteja a AMVD direta ou indiretamente ligada.
c) Votar e ser votado.
d) Convocar Assembléia Geral, apresentando assinatura de 50% dos sócios à Diretoria à sua convocação.

Art. 7º - São deveres do sócio:
a) Acatar o presente Estatuto.
b) Contribuir pontualmente com a taxa que for fixada pela Assembléia Geral.
c) Exercer o cargo para o qual for eleito, salvo se houver motivo de força maior plenamente justificável.
d) Colaborar com a Coordenação na execução dos trabalhos e objetivos da entidade.
e) Zelar pelo patrimônio da Associação.

CAP. IV - DOS ÓRGÃOS CONSTITUTIVOS DA AMVD

Art. 8º - São órgãos constitutivos da AMVD:
a) Assembléia Geral.
b) Coordenação.
c) Conselho Deliberativo e Fiscal.

DA ASSEMBLÉIA GERAL

Art. 9º - A Assembléia Geral é o órgão máximo da Associação, ao qual compete a aprovação e modificação dos Estatutos, a aprovação de campanhas pela melhoria do bairro, a aprovação ou rejeição de medidas tomadas pela Coordenação ou conselho Deliberativo e Fiscal, a aprovação de nomes para preencher os cargos vagos da Coordenação ou do Conselho Deliberativo e Fiscal. Ela será convocada pela Coordenação ou 1/4 dos sócios inscritos.
Parágrafo Primeiro : A reforma dos Estatutos Sociais somente poderá ser efetuada em Assembléia Geral especialmente convocada para esse fim com antecedência mínima de quinze dias e a presença mínima de 2/3 dos sócios inscritos, em primeira convocação. Em segunda convocação com a presença mínima de 50% dos sócios inscritos.
Parágrafo Segundo : A destituição da Coordenação e convocação de novas eleições caberá a Assembléia Geral, especialmente convocada para esse fim, com antecedência mínima de quinze dias e presença de 2/3 dos sócios inscritos, em primeira convocação. Em segunda convocação com a presença mínima de 50% dos sócios inscritos.

Art. 10º - A cada três meses, pelo menos, deverá ser realizada uma Assembléia Geral, convocada de modo a que sua realização chegue com antecedência ao conhecimento dos moradores do bairro.

Art. 11º - Na Assembléia geral, a Coordenação e o Conselho Deliberativo e Fiscal, apresentarão relatórios de suas atividades e balanço financeiro da Associação. A Assembléia Geral poderá ser convocada por 35% dos sócios, em caso de omissão da Coordenação ou do Conselho Deliberativo e Fiscal.

DA COORDENAÇÃO

Art. 12º - A Coordenação Geral da entidade será composta pelos seguintes membros:
a) Coordenador Geral.
b) Vice-Coordenador Geral.
c) Coordenador de Secretaria.
d) Coordenador de Finanças.
e) Coordenador Social.

Art. 13º - A Coordenação reunir-se-á juntamente com o Conselho Deliberativo e Fiscal, ordinariamente uma vez por mês ou, extraordinariamente, quando convocada por maioria de seus membros. O quorum para reunião da Coordenação e do Conselho Deliberativo e Fiscal será o de metade mais um de seus membros.
Parágrafo Único - Perderá o mandato o membro da Coordenação que faltar a três reuniões consecutivas sem justificativa.

Art. 14º - Compete a Coordenação:
a) Dirigir a Associação de acordo com o presente Estatuto e administrar o Patrimônio Social.

b) Desempenhar os seus papéis específicos, conforme o presente Estatuto.
c) Convocar a Assembléia Geral.

Art.15º - Compete ao Coordenador Geral:
a) Cumprir e fazer Cumprir as resoluções deste Estatuto, bem como as decisões tomadas em Assembléia Geral e da Coordenação.
b) Assinar as correspondências da entidade.
c) Assinar cheques e demais títulos financeiros, juntamente com o tesoureiro.
d) Representar a entidade em Juízo e fora dele.

Art.16º - Ao Vice-Coordenador compete trabalhar em conjunto com o Coordenador Geral e demais membros da Coordenação.

Art.17º - Ao Coordenador de Secretaria compete:
a) Lavrar as atas das reuniões.
b) Responder pelo expediente da Secretaria, redigindo, expedindo e arquivando toda a correspondência da Associação, que diz respeito a seu cargo.

Art.18º - Ao Coordenador de Finanças compete:
a) Ter sob sua guarda e responsabilidade, todos os livros e documentos da Associação, relacionados com a Tesouraria da sede.
b) Superintender e fiscalizar a escrituração geral da Associação, propondo à Coordenação o que for necessário ao seu fiel cumprimento.
c) Assinar recibos de mensalidades e contribuições.
d) Assinar cheques e demais títulos, juntamente com o Coordenador Geral.
e) Realizar pagamentos e recebimentos, desde que autorizados pela Coordenação.
f) Apresentar à Coordenação, mensalmente, e na Assembléia Geral, a cada três meses, balancete da Receita e Despesa da Associação, com os respectivos comprovantes.
g) Organizar e apresentar completo relatório das atividades financeiras da Associação, com ativo e passivo, anualmente, especialmente no término do mandato da Coordenação.

Art.19º - Ao Coordenador Social compete:
a) Organizar propostas de trabalho nas áreas sociais (saúde, educação, assistência social, etc.), esportivas e de lazer, da Associação e implementá-las, após aprovação da Coordenação.
b) Organizar equipes de trabalho, junto aos sócios.
c) divulgar as atividades da entidade.

DO CONSELHO DELIBERATIVO E FISCAL

Art.20º - O Conselho Deliberativo e Fiscal é o órgão colaborador e fiscalizador das atividades da Coordenação e da Associação.

Art. 21º - O Conselho Deliberativo e Fiscal será composto de três membros eleitos em conjunto com a Coordenação.

Art. 22º - Ao Conselho Deliberativo e Fiscal compete:
a) Aprovar em conjunto com a Coordenação, as atividades importantes da Associação e as propostas para a Assembléia Geral.
b) Aprovar os atos financeiros importantes da Coordenação, antes de sua execução.
c) Apreciar previamente e dar parecer sobre os balancetes da Coordenação a serem paresentados em Assembléia Geral.
d) Colaborar sempre com a Coordenação no interesse da Associação e na sua representação.

Art. 23º - O Conselho Deliberativo e Fiscal poderá se reunir em conjunto com a Coordenação tendo o direito a voz e voto nestas reuniões. Poderá o Conselho reunir-se em separado para apreciar atos e relatórios financeiros da Associação.

CAP. V - DAS ELEIÇÕES

Art. 24º - Mediante a votação secreta, em urna, os sócios elegerão os membros da Coordenação e do Conselho Deliberativo e Fiscal, nos dez dias anteriores ao término do mandato da Coordenação e do referido Conselho.

Art. 25º - A vigência do mandato da Coordenação eleita será de dois anos.

DO PROCESSO ELEITORAL

Art. 26º - A Coordenação convocará as inscrições de chapas, 40 dias antes do final do mandato, mediante edital que será fixado na sede da Associação e nos principais pontos do bairro.
Parágrafo Único : Poderão as chapas serem inscritas até quinze dias antes da realização das eleições.

Art. 27º - Será nomeada pela Coordenação, através de indicação das chapas, Comissão eleitoral, para conduzir o processo de votação, organizar a lista dos aptos a votarem, solucionar os casos omissos, decidir os problemas que eventualmente surgirem, apurar os votos e dar posse aos eleitos.

Art. 28º - O quorum para a eleição será, em primeiro escrutínio de 50% mais um dos sócios em condição de voto. Em segundo escrutínio será de 1/3 dos sócios em condições de voto.

Art. 29º - Só terão direito a voto e a ser votado, aqueles que tiverem no mínimo dois meses de associado e as mensalidades em dia.

Art. 30º - A composição do Conselho Deliberativo e Fiscal será proporcional ao número de votos obtidos pelas chapas concorrentes.

CAP. VI - DAS PENALIDADES

Art. 31º - A Associação poderá se valer das penas de eliminação do quadro social ou da suspensão por 90 (noventa) dias, que serão aplicadas pela Coordenação e pelo Conselho Deliberativo, podendo o sócio punido recorrer à Assembléia Geral, que manterá ou reformará a decisão da Coordenação.

Art. 32º - São as seguintes as causas que justificam as penalidades:
a) Falta de pagamento, sem justificativa, da mensalidade, pelo prazo de seis meses.
b) Desrespeito constante aos Estatutos, à Coordenação ou ao Conselho, ou ainda, desrespeito constante às normas de convivência entre os sócios.
c) Sócios que transferirem de domicílio para fora dos limites da Vila Democrática.

CAP. VII - DAS DISPOSIÇÕES GERAIS E TRANSITÓRIAS

Art. 33º - A Associação só poderá ser dissolvida, exceto por sentença judicial, com a aprovação de 2/3 dos seus sócios.

Art. 34º - Consumado o ato de dissolução e solucionadas as responsabilidades do passivo da entidade, o remanescente do acervo, se houver, será destinado a entidade similar com sede no Estado de......................

Art. 35º - Os sócios não respondem pelas obrigações sociais.

Art. 36º - Na Assembléia de fundação da Associação, será eleita a Coordenação e o Conselho Deliberativo e Fiscal, para dirigir o processo de constituição da entidade, admissão dos sócios e conduzir a Associação nos seus dois primeiros anos de existência.

Art. 37º - Caberá a coordenadora Geral, empossada no cargo, a responsabilidade de registrar este Estatuto, entrando o mesmo em vigor após a sua aprovação.

.................., 10 de agosto de 2000

....
(nome da Coordenadora Geral)
Coordenadora Geral

....
(nome do advogado)
OAB nº.................

Impresso nas oficinas da
Gráfica Palas Athena